AF313712

Vente des 20 et 21 Mars 1867.

COLLECTION DE M. E. C. [ollot]

FAIENCES ANCIENNES

FRANÇAISES, ITALIENNES ET AUTRES

PORCELAINES DE CHINE

TAPISSERIES

EXPOSITIONS
{ PARTICULIÈRE, le Lundi 18 Mars 1867.
{ PUBLIQUE, le Mardi 19 Mars 1867.

Mᵉ CHARLES PILLET, | M. CHARLES MANNHEIM,
COMMISSAIRE-PRISEUR | EXPERT

1867

EXEMPLAIRE DE H. STETTINER

CATALOGUE

DES

FAIENCES ANCIENNES

FRANÇAISES, ITALIENNES, HOLLANDAISES, etc., etc.

PORCELAINES DE CHINE ET AUTRES

TAPISSERIES, ÉTOFFES

COMPOSANT LA

COLLECTION DE M. E. C.

DONT LA VENTE AURA LIEU

HOTEL DES COMMISSAIRES-PRISEURS, RUE DROUOT, 5

SALLE N° 5

Les Mercredi 20 et Jeudi 21 Mars 1867

A DEUX HEURES.

Par le ministère de M⁰ **CHARLES PILLET**, Commissaire-Priseur,
rue de Choiseul, n° 11,

Assisté de M. **CHARLES MANNHEIM**, Expert, rue de la Paix, n° 10.

Chez lesquels se trouve le Catalogue.

EXPOSITIONS { PARTICULIÈRE, le Lundi 18 Mars 1867
{ PUBLIQUE, le Mardi 19 Mars 1867

DE UNE HEURE A CINQ HEURES

ORDRE DES VACATIONS:

Le Mercredi 20 Mars 1867

Le Jeudi 21 Mars 1867

Paris.— Imprimerie de PILLET fils aîné, rue des Grands-Augustins, 5.

DÉSIGNATION DES OBJETS

FAIENCES ITALIENNES

1 — Grand plat d'Urbino, fond blanc, décoré d'arabesques
de couleur, formant plusieurs médaillons, avec chiffre et
armoiries au centre. Diam., 50 cent.

2 — Buire d'Urbino, décorée dans le même style que le plat
précédent, avec armoiries sur la panse.

3 — Couvercle d'une coupe d'accouchée, d'Urbino, de forme
ovale et convexe, décoré dans le même style que les pièces
précédentes, avec médaillons et mascarons en relief à
l'extérieur : l'intérieur représente un sujet à personnages en rapport avec la destination de l'objet. (Cette pièce
provient de la collection Pourtalès.)

4-5 — Petit vase de pharmacie, d'Urbino, avec couvercle et
anses à mascarons, décoré d'arabesques en couleur sur fond
blanc, et reposant sur un couvercle de coupe d'accouchée,
formant plateau, de la même fabrique et du même style,
orné d'arabesques sur une face, et d'un sujet avec personnages sur l'autre.

6 — Gourde d'Urbino, décorée sur quatre faces d'arabesques, avec anses à mascarons sur les côtés, et une figure
de guerrier en pied sur chacune des deux autres faces.

7 — Petit plateau creux d'Urbino, en forme de trapèze, décoré extérieurement d'arabesques de couleur sur fond
blanc, avec un mascaron bleu en relief, et divisé à l'intérieur en trois compartiments où sont représentés divers
ustensiles de bureau.

8 — Grand plat d'Urbino, à sujet, représentant une mêlée
de combattants, à pied et à cheval, d'un dessin et d'un
émail remarquables. Bordure de bois noir à filets d'or.
Diam., 50 cent.

9 — Plaque carrée d'Urbino, représentant la Naissance de
Jésus-Christ, et signée de l'initiale de Xanto. Bordure en
bois noir.

10 — Plat creux d'Urbino, à sujet, représentant Alexandre
et la famille de Darius. Diam., 30 cent. Encadré.

11 — Plat creux de la même fabrique et de la même dimension, représentant Mutius Scævola. Encadré.

12 — Plat d'Urbino, à sujet, représentant Moïse changeant sa
baguette en serpent. Diam., 24 cent.

13 — Plat creux d'Urbino, à sujet, représentant Protée en-
dormi. Diam., 26 cent.

14 — Coupe d'Urbino, cannelée, d'un émail très-fin, représentant un sujet biblique. Diam., 25 cent.

15 — Coupe d'Urbino, cannelée, à sujet, représentant Diane
surprise par Actéon. Diam., 25 cent.

16 — Coupe d'Urbino, repoussée à bossages, décorée d'arabesques de couleur, sur fonds variés, avec figure au centre. Diam., 26 cent. Encadrée.

17-18 — Deux coupes de la même fabrique, et décorées dans
le même style que la précédente, se faisant pendant. Diam.,
25 cent. Encadrées.

19 — Vase de forme ovoïde, de la fabrique d'Urbino, décoré
d'arabesques en couleur sur fonds variés, avec médaillon
représentant une tête de guerrier, et portant la date de
1547. Monté avec pied et gorge en bois sculpté.

20-21 — Deux vases de même forme et de la même fabrique que le précédent, et décorés dans le même style, se
faisant pendant. Montés en bois noir.

22 — Cornet de forme basse et cylindrique, de la fabrique de Chaffaggiolo, décoré d'arabesques de couleur sur fond blanc, et de médaillons représentant des figures en costume et coiffure du XVᵉ siècle.

23 — Plat décoré d'arabesques jaunes sur fond bleu foncé, avec des armes de Cardinal au centre, sur fond blanc vermicellé. Encadré. Diam., 25 cent.

24 — Plat de la fabrique de Chaffaggiolo, décoré de trophées, d'instruments de musique et autres ornements en couleur sur bleu foncé. Diam., 25 cent. Encadré.

25 — Autre plat de la même fabrique, décoré d'arabesques et de figures entrelacées, en couleur, sur fond bleu. Diam., 24 cent. Encadré.

26 — Plaque carrée d'Urbino, représentant saint Jérôme. Cadre de bois noir à filets d'or.

27 — Grand plat de Faenza décoré d'une double guirlande d'arabesques de couleur, sur fond chamois, avec figure de saint au centre. Diam., 40 cent. Encadré.

28 — Grand plat de la fabrique de Pesaro, décor bleu et jaune, à reflets métalliques, représentant les armes des Médicis, avec les attributs Pontificaux, entrelacés d'arabesques d'un beau style. Diam., 40 cent. Encadré.

29 — Grand plat de la même fabrique et de la même dimension, décor bleu et jaune, à reflets métalliques, avec bordure imbriquée, représentant saint Georges à cheval, terrassant le dragon. Encadré.

30 — Coupe creuse, repoussée à bossages, de la fabrique de Gubbio et de la main de Giorgio, à reflets métalliques, avec une figure de saint au centre. Diam., 26 cent. Encadrée.

31 — Plat de la même fabrique et du même artiste, à décor rayonnant et imbriqué, à reflets métalliques, d'un éclat remarquable. Diam., 24 cent. Encadré.

32 — Coupe de la même fabrique, repoussée à bossages, à reflets d'or irisé, avec une figure de sainte au centre. Diam., 24 cent. Encadré.

33 — Plat de la même fabrique, à reflets métalliques, décoré d'arabesques rouges sur fond bleu, avec un Amour au centre sur fond d'or. Diam., 23 cent. Encadré.

34 — Plat à reflets métalliques, décoré des mêmes couleurs et dans le même style que le précédent, avec un Amour au centre. Diam. 26 cent. Encadré.

35 — Plat bordé d'arabesques bleues, jaunes et rouges, avec une figure au centre, portant la date de 1567. Diam. 26 cent. Encadré.

36 — Plat de la fabrique de Castelli, représentant le triomphe d'Amphitrite, avec bordure d'amours entrelacés d'ornements. Diam. 30 cent. Encadré.

37 — Grand plat de la même fabrique, représentant un paysage
avec figures et animaux ; bordure d'oiseaux et d'arabesques, surmontée d'armoiries. Diam. 40 cent. Encadré.

38 — Plaque carrée de la même fabrique, représentant un
groupe du massacre des Innocents, d'après Raphaël.
Encadrée.

39 — Autre plaque carrée de la même fabrique, faisant pendant
à la précédente, et représentant le martyr de saint Nicolas.
Encadrée.

40-41 — Deux plaques carrées de la même fabrique, se faisant
pendant et représentant deux scènes bibliques. Encadrées.

42 — Plaque carrée, de la même fabrique, représentant une
scène maritime, tirée de la Vie des Saints. Signée Grue.
Encadrée.

43-44 — Deux plaques ovales, de la même fabrique, avec la
signature du même artiste, se faisant pendant, et représentant deux marines d'après nature, avec personnages
d'une grande finesse. Encadrées.

45-46 — Deux petites coupes, de la même fabrique, se faisant
pendant et représentant chacune un amour jouant dans un
paysage. Montées en bois sculpté, avec piédouche.

47 — Autre coupe, de la même fabrique, montée comme les
précédentes, et représentant un sujet de la comédie
italienne.

48 — Autre coupe, de la même fabrique, montée de même et
représentant les enfants de Niobé.

49 — Grand plat, de la fabrique de Venise, décor gris relevé
de manganèse, avec ornements repoussés en bossages,
représentant Adam et Ève. Diam. 50 cent. Encadré.

50 — Gourde, en forme de poudrière, de la même fabrique,
repoussée et décorée dans les mêmes couleurs que la
pièce précédente, avec figures entrelacées d'arabesques.

51 — Soupière, de la fabrique de Trévise, avec couvercle et
plateau, forme Louis XV, décorée en couleurs sur fond
blanc d'amours et d'ornements élégants.

52-53 — Deux potiches, avec couvercle à vis, de la même
fabrique et décorées dans le même style que la pièce précédente, avec sujets à personnages, se faisant pendant.

54 — Gourde en forme de livre, décorée d'arabesques de couleur, sur fond gros bleu.

55 — Coupe d'accouchée en faïence d'Urbino, décorée de
cariatides et d'arabesques en couleurs et offrant à l'intérieur un médaillon décoré en camaïeu jaune orangé. Les
anses, formées d'enroulements, sont rattachées à la panse
par des mascarons et le couvercle est décoré d'arabesques.

56 — Bouteille en faïence, d'une terre très-légère, décorée
d'arabesques et de figures en couleurs sur fond gros bleu.

57-58 — Deux cornets de forme basse et cylindrique, décorés en couleur sur fond blanc.

59 — Coupe à reflets métalliques, de la fabrique de Gubbio, avec la date et la signature de Giorgio.

60-61 — Deux Vases d'Urbino, de forme ovoïde, avec anses terminées en mascarons, décorés d'arabesques en couleur, sur fond blanc.

FAIENCES FRANÇAISES
FABRIQUE DE ROUEN

62 — Grand plat rond, à décor bleu et rouille, rayonnant, avec arabesques et guirlandes d'une grande richesse: Au centre des amours entrelacés dans des rinceaux et des fleurs. Diam. 57 cent. Encadré.

63 — Grand plat rond à décor bleu, bordé d'arabesques élégantes et légères. Le sujet central, semblable au précédent, est entouré d'une riche guirlande de fleurs et de mascarons très-fins. Diam. 57 cent. Encadré.

64 — Grand plat rond, à décor bleu et rouge, composé d'un sujet central à personnages dans le genre chinois, entouré d'une bordure d'arabesques. Diam., 52 cent. Encadré.

65 — Grand plat rond, à décor bleu, rayonnant, entouré d'une riche et fine bordure de fleurs et d'arabesques, avec une rosace au milieu. Diam., 52 cent.

66 — Grand plat long, octogone, à décor bleu avec armoiries
au centre et bordure d'ornements niellés.

67 — Assiette à décor bleu, portant les mêmes armoiries que
le plat précédent, bordée d'arabesques à guirlandes d'une
finesse de ton et d'un dessin remarquables. Encadrée.

68 — Bassin rond, polychrôme, decoré dans le genre chinois,
avec fonds noirs et orangés laqués.

69 — Plateau long, octogone, à décor bleu et rouille, avec
bordure à guirlandes et corbeille à rinceaux au centre.

70-71 — Deux compotiers octogones, à décor bleu et rouille,
dans le genre du précédent. Encadrés.

72 — Plateau long, octogone, à décor bleu et rouge, d'un ton
et d'un émail remarquables, avec large bordure composée
de vases à fleurs et d'arabesques, et corbeille à rinceaux
au centre.

73-74 — Deux assiettes, de même décor et de même qualité.
Encadrées.

75 — Petit plateau long, octogone, avec anses et piédouche, à
decor bleu et orangé : le fond est entièrement couvert
d'arabesques très-fines de ton et de dessin.

76 — Petit compotier rond et cannelé, à décor bleu et orangé,
composé d'arabesques avec réserves en blanc, du style le
plus riche et le plus élégant.

77 — Plateau long, octogone à anses, à décor bleu et rouge, bordure à guirlandes, corbeille à rinceaux au centre.

78 — Autre de même forme, plus petit, d'un décor analogue, d'un ton et d'un émail très-vifs.

79 — Assiette, à décor bleu et rouge, d'un ton très-riche, bordure à guirlandes, corbeille au centre.

80 — Autre assiette à décor bleu et rouge.

81 — Deux assiettes, à décor bleu, rayonnant, avec une riche bordure et une magnifique rosace au centre. Encadrées.

82 — Compotier octogone, à décor bleu, avec bordure d'arabesques, et corbeille à rinceaux au centre.

83 — Assiette, à décor bleu, avec bordure et rosace élégante, d'un dessin et d'un ton très-fins.

84 — Assiette à décor bleu, bordée de guirlandes et de draperies à glands, avec armoiries au centre.

85 — Assiette, à décor bleu, entièrement couverte d'un dessin rayonnant divisé en sept parties.

86 — Plat long, à décor polychrôme, avec dragon au centre.

87 — Grand support, à décor polychrôme.

88 — Grand support, à décor bleu et orangé, à consoles e guirlandes d'un beau style et d'une grande légèreté, terminé par un cul de lampe.

89 — Petit support, à décor polychrôme, de couleurs très-vives, avec armoiries.

90 — Fontaine, à décor bleu très-fin, avec arabesques.

91 — Grand vase, formant fontaine, avec couvercle, et anses à mascarons, décoré en bleu de larges arabesques.

92 — Vase à fleurs avec anses et à piédouche, de forme élégante, à huit pans, à décor bleu, cannelé.

93 — Vase de même forme et de même dimension, à décor bleu analogue au précédent.

94 — Salière en forme de trèfle, à décor bleu et rouge, avec pieds de griffon, d'un dessin très-fin.

95-96 — Deux sucrières à poudre, à décor bleu et rouge, de forme allongée, d'un dessin analogue à la pièce précédente.

97 — Aiguière en forme de casque, à décor bleu, très-fin de ton, et d'un riche dessin à draperies et à guirlandes.

98 — Aiguière en forme de casque, à décor bleu, d'un bel émail.

99 — Plateau à six pans arrondis, décoré en bleu, d'une bordure fine et légère, avec une magnifique rosace à dessin rayonnant couvrant le centre.

100 — Sucrière à poudre, à panse arrondie, décor bleu et
rouge, avec niellures en noir sur fond brun.

FABRIQUE DE NEVERS

101 — Grande fontaine, de forme cylindrique, à piédouche,
avec couvercle et anses à mascarons, décorée en couleur dans
le genre Italien, et représentant un grand paysage avec
sujet de chasse.

102 — Grande gourde, décorée en camaïeu bleu, sur fond blanc
azuré, de dessins chinois, avec anses à mascarons terminées par des cornes de bélier.

103 — Vasque à décor polychrôme, supportée par quatre pieds
en forme de Dauphins.

104 — Plat long, forme Louis XV, à bords contournés, décoré
d'arabesques très-riches sur fond bleu lapis.

105 — Deux grands lions assis, décor polychrôme.

106 — Porte-bouquet, en forme de lampe antique, à trois becs,
décoré de fleurs en blanc, jaune et vert, sur fond bleu
lapis.

FABRIQUE DE MOUSTIERS

107 — Grand plat long, à bords contournés, de forme Louis XV, décoré dans le style de Bérain, d'Amours, d'animaux, de fleurs, et autres ornements en couleur sur fond blanc. Au centre sont des armoiries surmontées de chiffres entrelacés. Cette pièce remarquable est signée de Grangel.

108 — Vase à rafraîchir, de forme Louis XV, avec piédouche et anses à mascarons, décoré en couleur dans le même style que la pièce précédente, et portant les armes des Orsini, avec les attributs de Cardinal en camaïeu bleu.

109 — Vase à rafraîchir, de la même forme et du même décor que le précédent, en camaïeu bleu, portant les armes des Colonna, avec les attributs de Cardinal.

110 — Grand plateau de forme Louis XV, à bords contournés, décor polychrôme, avec sujets grotesques.

111-112 — Deux jardinières appliques, en forme de corbeille, à décor polychrôme dans le style de Berain.

113-114 — Deux petits cache-pots de forme cylindrique, décorés de guirlandes polychrômes, avec médaillons contenant des sujets mythologiques.

115 — Sucrière à poudre, à panse arrondie, décor polychrôme
dans le style de Bérain.

FABRIQUE DE MARSEILLE

116 — Écuelle et son plateau, décorée de médaillons do-
rés, contenant divers sujets à personnages, d'une exécu-
tion remarquable; l'écuelle est ornée de deux grands
médaillons et d'anses dorées; le couvercle, surmonté de
fleurs en relief, a quatre médaillons, et le plateau, outre
le grand sujet qui en occupe tout le fond, est bordé de
quatre médaillons.

117 — Plat ovale, décoré dans le genre de la pièce précédente, d'un grand paysage à figures au centre, et bordé de
fleurs d'une grande finesse.

118 — Sucrier ovale, de forme Louis XV, décor polychrôme
dans le genre des précédents.

119-120 — Deux petits vases de forme et de décor analo-
gues, se faisant pendant.

121 — Boîte à éponges, découpée à jour et décorée en couleurs de petits médaillons à fleurs et à personnages.

122 — Grand plat rond à bords festonnés, décoré en camaïeu
bleu, avec traits au manganèse. Le centre représente un
sujet de chasse finement dessiné, entouré de paysages con-
tenus dans sept médaillons formés par des ornements en
relief d'un beau bleu sur un fond avec traits au manganèse. Fabrique de St.-Jean du Désert. Diam. 51 cent.

123 — Grand plat rond, de la même fabrique, de la même
dimension et décoré dans le même genre que le précédent,
mais avec des sujets différents. Le motif principal représente des bergers assis et jouant de la flûte.

124-125. — Deux jardinières, de forme Louis XV, avec couvercles percés de trous, décorées sur fond jaune-paille de
bouquets de roses finement peints.

FAIENCES DE DELPHT

126 — Grand support de forme **Louis XV**, décoré de mascarons et de rinceaux en relief, avec bouquets de fleurs et
personnages en couleur, sur fond blanc, et ornements
rehaussés d'or.

127 — Plat décoré en couleur, et rehaussé d'or, dans le genre
japonais. Encadré.

128 — Plat décoré de sujets chinois, rehaussé d'or, avec
bouquets au centre et riches arabesques en bordure.

129 — Bol à quatre faces décoré en couleur et rehaussé d'or
dans le goût chinois. Au fond un sujet à personnages; le
dessin extérieur est en camaïeu rouge et or.

130 — Petite tirelire décorée en couleur et rehaussée d'or, avec paysages à figures et ornements dans le genre chinois.

131 — Autre tirelire de même dimension, décorée en couleur dans le genre rouennais.

132 — Vase à piédouche, avec couvercle en forme de clocheton, entouré de coquilles en relief, et décoré d'Amours entrelacés de fleurs en camaïeu bleu.

133 — Plateau porte-liqueurs, avec anses et galerie à jour, décoré d'Amours et d'ornements en camaïeu bleu.

134 — Lanterne à décor bleu.

135 — Petite plaque carrée, en camaïeu bleu, représentant un portrait finement peint et signé G. V. M. Encadré de bois noir.

136 — Couvercle de beurrier représentant une limande de grandeur et de couleur naturelles, du plus bel émail.

137 — Petit pot à surprise, décoré en couleur et rehaussé d'or, dans le genre japonais.

FAIENCES DIVERSES

138 — Fontaine de forme cylindrique, avec piédouche et

anses à mascarons, portant les armes de Mademoiselle. Décor polychrôme très-fin dans le genre rouennais. Fabrique de Paris.

139 — Grand vase de forme Louis XV, décoré de fleurs en couleur sur fond blanc, avec ornements en relief; le couvercle à jour est surmonté de fleurs, et les anses sont formées par deux bustes de femmes avec coiffures du temps.

140-141 — Deux petites salières, de la fabrique de Strasbourg, avec couvercles, décorées en couleur sur fond blanc, en forme de galères et terminées par des mascarons.

142-143 — Deux vases à rafraîchir, de la fabrique de Niederwiller, avec médaillons de paysage, en camaïeu rose sur un fond imitant le sapin.

144 — Plaque carrée, de la fabriqre d'Aranda (Espagne), représentant saint Joseph. Le bord forme un cadre de l'ornementation la plus élégante, finement décoré de dessins polychrômes, surmonté d'une tête de chérubin, et terminé par un cul-de-lampe en relief.

145 — Plaque, de la même fabrique, faisant pendant à la précédente, avec bordure semblable, représentant saint Thomas.

146 — Patène, de la fabrique de Nuremberg, décorée en couleurs, bordée d'ornements festonnés en relief, et portant au centre des armoiries et un chiffre avec la date de 1643.

147 — Jardinière en faïence de Sceaux, de forme demi-circulaire, style Louis XVI, décorée de trois médaillons contenant des paysages avec oiseaux très-fins de dessin et de couleur.

PORCELAINES DE CHINE ET AUTRES

148-149 — Deux grands vases en porcelaine de Chine, décorés en camaïeu du bleu le plus éclatant, sur fond blanc, de paysages avec personnages, et richement montés en bronze doré, avec pied, gorge et anses, dans le goût chinois.

150 — Grand plat en porcelaine de Chine, de la famille verte, décoré d'une série de scènes de la vie privée. Diam. 55 cent. Encadré.

151 — Grand plat de Chine, décoré en couleur d'une large bordure représentant divers sujets tirés de l'éducation des chevaux, avec un grand sujet à personnages au centre. Diam. 57 cent. Encadré.

152-153 — Deux soupières ovales avec couvercles et plateaux, en porcelaine de l'Inde, de forme Louis XIV, avec anses à mascarons et pieds en feuillages à jour, décorées de guirlandes de fleurs en couleur et de fruits en relief.

154 — Bol évasé, en émail cloisonné, représentant à l'intérieur et à l'extérieur des oiseaux des teintes les plus variées, sur fond bleu turquoise.

155-156 — Deux bouteilles en céladon bleu turquoise, moucheté, se faisant pendant, avec pieds en bois.

157-158— Deux petites bouteilles en céladon craquelé, feuille de camélia, se faisant pendant.

159-160 — Deux jardinières, en porcelaine de Sceaux, de forme oblongue, divisées en deux compartiments, et décorées, d'un côté, de bouquets de fleurs en couleur, sur fond blanc, et de l'autre de médaillons en camaïeu rose, représentant un groupe d'Amours.

161 — Deux jardinières carrées, de forme Louis XV, en porcelaine de Villeroy, décorées sur les quatre faces de bouquets de fleurs en couleur sur fond blanc.

MEUBLES, TAPISSERIES, ÉTOFFES

162 — Beau régulateur du temps de Louis XIV, en marqueterie d'écaille, étain et cuivre ; la partie supérieure de la

pièce est enrichie de colonnes détachées garnies de cha-
piteaux corinthiens en bronze doré.

163 — Couvre-pieds, ou grand tapis de table, en satin vert
d'eau, couvert de fleurs et de dessins de diverses couleurs avec broderies en or ; doublure en soie rose ; frange
en soies de couleurs. Travail chinois exécuté à la main.
Long., 3 m. 30 cent.; larg. 2 m. 20 cent.

164 — Beau tapis en gros de Tours, fond blanc, brodé en
soies de couleurs et or fin; le milieu présente un grand
chiffre en or brodé en relief. Travail du temps de
Louis XIV. Conservation remarquable.

165 — Très-grande et belle tapisserie d'Arras, du xvi⁰ siècle,
représentant un sujet de chasse au cerf; quantité de
dames et de cavaliers portent de riches costumes de l'é-
poque. Bordure riche à fleurs et frise d'enfants. Haut.,
3 m. 50 cent.; larg., 5 m.

166 — Autre très-grande et belle tapisserie d'Arras, du xvi⁰
siècle, représentant FRANÇOIS I⁰ʳ à cheval, à la chasse au
faucon. Bordure à rinceaux en couleurs sur fond noir.
Tapisserie curieuse et intéressante. Haut., 3 m. 20 cent.;
larg., 5 m.

167 — Très-grande et belle tapisserie, représentant un sujet
de chasse au cerf; les personnages portent des costumes
du xvi⁰ siècle. Bordure à figures d'amours, et guirlandes

de fleurs et de fruits. Elle provient du château de Bercy.
Haut., 4 m.; larg., 5 m. 60 cent.

168 — On vendra sous ce numéro les objets omis au présent
catalogue.

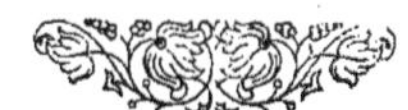

www.ingramcontent.com/pod-product-compliance
Ingram Content Group UK Ltd.
Pitfield, Milton Keynes, MK11 3LW, UK
UKHW031716170726
13836UKWH00001B/267